SANDRA SCHUMANN

EIS, SORBETS & FROZEN JOGHURTS

FOTOGRAFIE: JULIA HOERSCH, AUEN60 PHOTOGRAPHY

INHALT

Öffnen Sie die Klappen dieses Buches.
Dort finden Sie die wichtigsten Infos zum Thema auf einen Blick!

DAS PRINZIP:
KLEINE
EISKUNDE

DIE PERFEKTE
KOMBI

Immer griffbereit:

SO GEHT'S:
EIS GEFRIEREN

Immer griffbereit:

SO GELINGT'S:
TIPPS & TRICKS

GU CLOU

Wussten Sie schon, dass ...?
Entdecken Sie bei einigen ausgewählten Rezepten ganz besondere Tipps mit verblüffendem Insiderwissen.
Aha-Momente garantiert!

Mit diesem Symbol sind alle veganen Gerichte gekennzeichnet.

Die Backzeiten können je nach Herd variieren. Unsere Temperaturangaben beziehen sich auf das Backen im Elektroherd mit Ober- und Unterhitze.

Sammeln Ihrer Lieblingsrezepte mit der »GU Kochen Plus«-App (siehe S. 64)

REZEPTKAPITEL

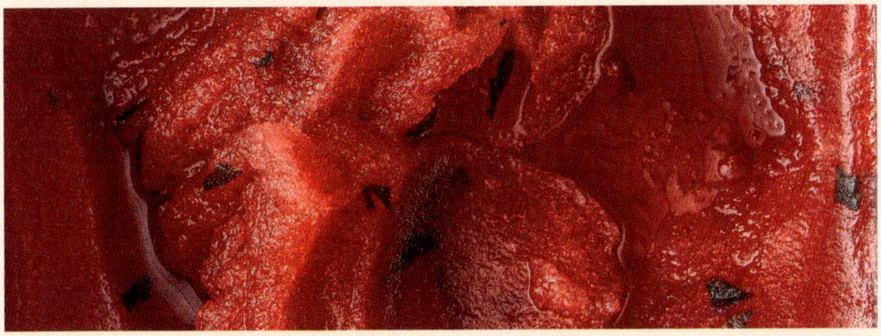

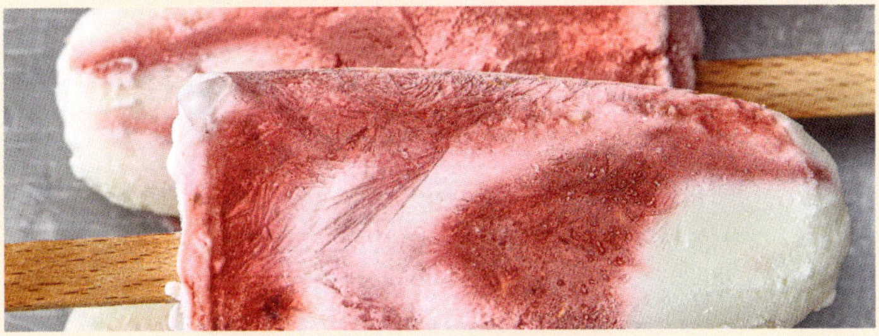

SANDRA SCHUMANN

Egal ob Kindergeburtstag, Gartenparty oder Weihnachtsfest – ein Eis geht immer. Was gibt es da Schöneres als sein Lieblingsdessert selbst zu machen? Die Rezeptautorin Sandra zeigt in wenigen, einfachen Schritten den Weg zum Eis-Glück.

Warum Eis selbst machen?

Bei Selbstgemachtem weiß man immer, was drin steckt. Man kann nach Lust und Laune kombinieren, Neues ausprobieren und wild mischen. Auch den Zuckergehalt kann man individuell anpassen oder den Zucker ganz durch andere Süßungsmittel ersetzen. Das finde ich toll.

Was gibt es dabei zu beachten?

Eis zu machen ist viel leichter als gedacht. Wichtig sind wie immer beim Kochen und Backen die Zutaten: Reife Früchte, aromatische Kräuter, hochwertige Schokolade, frische Sahne und Eier – schon kann kaum noch etwas schiefgehen. Vor allem bei den Rezepten für Sahneeis empfiehlt es sich, der Zubereitung zunächst einmal genau zu folgen. Sobald Sie den Ablauf dann kennen, können Sie auch eigene Vorlieben einfließen lassen. Für Eis-Neulinge sind Sorbet und Granita der ideale Einstieg.

Mein Lieblingseis?

Das ist gar nicht so leicht. Es gibt ja so viele leckere Sorten. Gerade jetzt würde ich sagen: Passionsfruchtsorbet mit weißer Schokolade und dunklen Schokoperlen. Mein Geschmack hat sich im Lauf der Zeit immer wieder gewandelt. Vor ein paar Jahren kam bei mir vor allem Sahneeis in die Waffel, dann habe ich Sorbets entdeckt und heute mische ich beides gerne. Die perfekte Kombination ist für mich fruchtig-frisch und cremig-schokoladig. Im Winter darf es gerne etwas üppiger sein mit Karamellsauce und Keksbröseln. Bei der bunten Auswahl an Rezepten ist bestimmt für jeden Geschmack etwas dabei.

BLITZ-SORBET MIT SAUERKIRSCHEN

500 g TK-Sauerkirschen in einen Standmixer füllen.

1 Zitrone auspressen.

Zitronensaft, 75 g Ahornsirup und 1 Prise Zimtpulver zu den Kirschen geben. Alles cremig pürieren.

Das Sorbet sofort in vier Schälchen anrichten und servieren oder im Tiefkühlfach weiter bis zur gewünschten Konsistenz gefrieren. Gelingt auch mit anderen TK-Früchten oder -Fruchtkombinationen. Reicht für 4 Personen.

SAHNEEIS

Für 4 Personen • 2 Std. 50 Min. Zubereitung • 45 Min. Gefrieren • Pro Portion ca. 350 kcal, 6 g EW, 25 g F, 24 g KH

FEINES VANILLEEIS

GRUNDREZEPT

1 Vanilleschote
225 ml Milch (1,5 % Fett)
225 g Sahne
4 Eigelb (M)
75 g Zucker
Salz

AUSSERDEM
Eismaschine

1 Die Vanilleschote längs halbieren und das Mark mit einem Messer herausschaben. Vanilleschote und -mark mit Milch und Sahne in einem Topf mischen und erhitzen, jedoch nicht kochen lassen. Den Topf vom Herd nehmen und die Vanillesahne ca. 15 Min. ziehen lassen. Danach die Vanilleschote entfernen.

2 Eigelbe, Zucker und 1 Prise Salz in einer Schüssel mit den Rührbesen des Handrührgeräts cremig rühren, bis sich der Zucker vollständig aufgelöst hat. Die Vanillesahne langsam zur Eigelbmasse gießen und unterrühren.

3 Die Schüssel auf ein heißes Wasserbad setzen und die Eigelb-Vanille-Mischung unter ständigem Rühren auf 80° erhitzen. Dabei die Temperatur mit einem Küchenthermometer prüfen. Die Schüssel vom Wasserbad nehmen und die Masse zuerst in ca. 15 Min. auf Raumtemperatur abkühlen, dann in ca. 1 Std. 45 Min. im Kühlschrank ganz auskühlen lassen.

4 Die kalte Vanillemasse in die Eismaschine füllen und in ca. 45 Min. cremig bis fest gefrieren lassen. Das fertige Eis aus der Maschine löffeln und sofort in vier Waffelhörnchen oder Schälchen anrichten und servieren. Alternativ für den Vorrat in einer Gefrierbox mit Deckel tiefkühlen.

GU **CLOU**

Gute Nachrichten für alle, die empfindlich auf Laktose reagieren. Sahneeis gelingt auch laktosefrei! Dafür einfach bei diesem Vanilleeis oder bei den anderen Sahneeisrezepten Milch und Sahne gegen laktosefreie Produkte austauschen. Die Zubereitung ändert sich dadurch nicht.

Für 4 Personen • 2 Std. 25 Min. Zubereitung • 45 Min. Gefrieren • Pro Portion ca. 390 kcal, 5 g EW, 22 g F, 42 g KH

GESALZENES BUTTERKARAMELLEIS

GÜNSTIG

150 g feiner Zucker
40 g Butter
100 g Sahne
grobes Salz
325 ml Milch (3,5 % Fett)
2 Eigelb (M)

AUSSERDEM
Eismaschine

GUT ZU WISSEN
Damit das Karamellisieren gelingt, den Zucker gleichmäßig in der Pfanne verteilen. Dann bei mittlerer Hitze langsam schmelzen und braun werden lassen. Dabei nicht rühren, sonst entstehen Klümpchen.

1 100 g Zucker in eine Pfanne streuen und bei mittlerer Hitze karamellisieren lassen. Butter, 30 g Sahne und 1 Prise Salz zufügen. (Vorsicht, das kann spritzen!) Dann alles mit einem Schneebesen gut verrühren.

2 Übrige Sahne (70 g) und Milch in einen Topf gießen und kurz aufkochen. Den Topf vom Herd nehmen und den Karamell mit dem Schneebesen in die Sahnemilch rühren.

3 Eigelbe und übrigen Zucker (50 g) in einer Schüssel mit den Rührbesen des Handrührgeräts cremig rühren. Die Karamellmischung einrühren und alles zurück in den Topf gießen. Die Mischung bei mittlerer Hitze unter ständigem Rühren erwärmen, bis sie andickt. Die Eismasse zuerst in ca. 15 Min. auf Raumtemperatur abkühlen, dann in ca. 1 Std. 45 Min. im Kühlschrank ganz auskühlen lassen.

4 Die kalte Karamellmasse in die Eismaschine füllen und in ca. 45 Min. cremig bis fest gefrieren lassen. Das Eis aus der Maschine löffeln und sofort in vier Schälchen servieren oder in einer Gefrierbox mit Deckel tiefkühlen.

Für 4 Personen • 2 Std. 20 Min. Zubereitung • 45 Min. Gefrieren • Pro Portion ca. 240 kcal, 4 g EW, 11 g F, 32 g KH

SAHNIGES ERDBEEREIS

KLASSIKER

350 g Erdbeeren
100 g Zucker
2 Eigelb (M)
1 Vanilleschote
125 ml Milch (3,5 % Fett)
75 g Sahne

AUSSERDEM
Eismaschine

1 Erdbeeren waschen, putzen und mit 30 g Zucker pürieren. Eigelbe und übrigen Zucker (70 g) in einer Schüssel mit den Rührbesen des Handrührgeräts cremig rühren. Vanilleschote halbieren und das Mark herausschaben. Milch und Vanillemark in einem Topf erhitzen.

2 Die Vanillemilch in zwei Portionen in die Eigelbmasse rühren. Die Mischung zurück in den Topf gießen und unter ständigem Rühren auf 80° erhitzen. Dabei die Temperatur mit einem Küchenthermometer prüfen. Die Masse weiterrühren, bis sie andickt. Vom Herd nehmen, Sahne und Erdbeerpüree einrühren.

3 Die Eismasse zuerst in ca. 15 Min. auf Raumtemperatur abkühlen, dann in ca. 1 Std. 45 Min. im Kühlschrank ganz auskühlen lassen. Die kalte Erdbeermasse in die Eismaschine füllen und in ca. 45 Min. cremig bis fest gefrieren lassen. Das Eis aus der Maschine löffeln und sofort servieren oder in einer Gefrierbox mit Deckel tiefkühlen.

Für 4 Personen • 10 Min. Zubereitung • 25 Min. Gefrieren • Pro Portion ca. 350 kcal, 5 g EW, 24 g F, 29 g KH

HEIDELBEEREIS MIT BAISER

SCHNELL

150 g TK-Heidelbeeren
50 g Zucker
150 ml Kondensmilch (gesüßt, 10 % Fett)
200 g Crème fraîche
6 Baiser-Tropfen (15 g)

AUSSERDEM
Eismaschine

1 Heidelbeeren, Zucker und Kondensmilch in einen Standmixer füllen und fein pürieren. Die Heidelbeermilch in eine Schüssel gießen und die Crème fraîche mit einem Schneebesen unterrühren. Die Heidelbeermasse in die Eismaschine füllen und in ca. 25 Min. cremig fest gefrieren lassen.

2 Die Baiser-Tropfen mit den Fingern grob zerbröseln. Das Eis aus der Maschine löffeln und die Baiser-Brösel untermischen. Das Eis sofort in vier Schälchen servieren oder bis zur gewünschten Konsistenz im Tiefkühlfach weiter gefrieren lassen.

3 Ohne Eismaschine Heidelbeeren, Zucker und Kondensmilch im Standmixer fein pürieren und in einer Gefrierbox im Tiefkühlfach in ca. 4 Std. vollständig durchfrieren lassen. Die Masse dann grob zerteilen und mit der Crème fraîche im Standmixer cremig mixen. Die Baiser-Brösel untermischen und einige darüberstreuen.

Für 4 Personen • 2 Std. 40 Min. Zubereitung • 45 Min. Gefrieren • Pro Portion ca. 365 kcal, 6 g EW, 30 g F, 18 g KH

HASELNUSSEIS MIT AHORNSIRUP

HERBST-REZEPT

50 g Haselnusskerne
175 ml Milch (3,5 % Fett)
225 g Sahne
2 Eigelb (M)
75 g Ahornsirup
Salz

AUSSERDEM
Eismaschine

GUT ZU WISSEN
Bei der Verwendung von Ei oder Eigelb ist das Erhitzen der Eismasse auf 80° aus Hygienegründen Pflicht. Deshalb die Temperatur immer mit einem Thermometer kontrollieren.

1 Den Backofen auf 200° vorheizen, ein Backblech mit Backpapier belegen. Die Haselnüsse auf dem Backblech verteilen und im Ofen (Mitte) ca. 10 Min. rösten, bis sie duften. Die Haselnüsse aus dem Ofen nehmen und in ein Geschirrtuch einschlagen. Im Tuch auf der Arbeitsfläche rollen, sodass sich die Häutchen ablösen. Die Nüsse etwas abkühlen lassen, dann in einem Standmixer fein zerkleinern.

2 Milch, Sahne und gemahlene Haselnüsse in einem Topf aufkochen. Die Haselnussmilch vom Herd nehmen und ca. 15 Min. ziehen lassen. Danach durch ein feines Sieb gießen.

3 Eigelbe und Ahornsirup in einer Schüssel mit den Rührbesen des Handrührgeräts cremig rühren. Die Haselnussmilch in drei Portionen unterrühren. Die Schüssel auf ein heißes Wasserbad setzen und die Eigelb-Nussmilch-Mischung unter ständigem Rühren auf 80° erhitzen. Dabei die Temperatur mit einem Küchenthermometer prüfen.

4 Die Schüssel vom Wasserbad nehmen und 1 Prise Salz in die Masse rühren. Die Masse zuerst in ca. 15 Min. auf Raumtemperatur abkühlen, dann in ca. 1 Std. 45 Min. im Kühlschrank ganz auskühlen lassen. Die kalte Haselnussmasse in die Eismaschine füllen und in ca. 45 Min. cremig bis fest gefrieren lassen. Das Eis aus der Maschine löffeln und sofort in vier Schälchen servieren oder in einer Gefrierbox mit Deckel tiefkühlen.

Für 4 Personen • 1 Std. 10 Min. Zubereitung • 45 Min. Gefrieren • Pro Portion ca. 530 kcal, 14 g EW, 43 g F, 22 g KH

ERDNUSSEIS MIT SCHOKOTROPFEN

EINFACH

125 g Peanut Butter (crunchy)
225 ml Milch (3,5 % Fett)
45 g Zucker
200 g Sahne
1 Handvoll Erdnusskerne (geröstet und gesalzen)
50 g Zartbitter-Schokotropfen

AUSSERDEM
Eismaschine

1 Peanut Butter, Milch und Zucker in einem Topf mischen. Dann bei mittlerer Hitze unter Rühren erhitzen, bis sich der Zucker aufgelöst hat und alle Zutaten gut verbunden sind.

2 Den Topf vom Herd nehmen und die Sahne einrühren. Die Mischung dann in ca. 1 Std. im Kühlschrank vollständig auskühlen lassen. Die kalte Erdnussmasse in die Eismaschine füllen und in ca. 45 Min. cremig bis fest gefrieren lassen.

3 Die Erdnüsse grob hacken. Das Eis aus der Maschine löffeln, Erdnüsse und Schokotropfen untermischen. Das Eis sofort in vier Schälchen servieren oder in einer Gefrierbox mit Deckel tiefkühlen.

Für 4 Personen • 3 Std. Zubereitung • 1 Std. 30 Min. Gefrieren • Pro Portion ca. 410 kcal, 11 g EW, 30 g F, 23 g KH

PISTAZIENEIS MIT SESAM

FÜR GÄSTE

75 g Pistazienkerne (geröstet und gesalzen)
275 ml Milch (3,5 % Fett)
150 g Sahne
50 g Zucker
2 Eigelb (M)
25 g weiße Schokolade
1 EL schwarzer Sesam

AUSSERDEM
Eismaschine

1 Die Pistazien in einem Standmixer fein zerkleinern. Mit Milch und Sahne in einem Topf erhitzen, jedoch nicht kochen lassen.

2 Zucker und Eigelbe in einer Schüssel mit den Rührbesen des Handrührgeräts cremig rühren. Die Pistazienmilch einrühren. Die Schüssel auf ein heißes Wasserbad setzen und die Mischung unter ständigem Rühren auf 80° erhitzen. Dabei die Temperatur mit einem Küchenthermometer prüfen. Die Schüssel vom Wasserbad nehmen und die Masse zuerst in ca. 15 Min. auf Raumtemperatur abkühlen, dann in ca. 1 Std. 45 Min. im Kühlschrank ganz auskühlen lassen.

3 Die kalte Pistazienmasse in die Eismaschine füllen und in ca. 30 Min. cremig bis fest gefrieren lassen. Die Schokolade fein hacken. Das Eis aus der Maschine löffeln und die gehackte Schokolade untermischen. Im Tiefkühlfach noch ca. 1 Std. weiter gefrieren lassen. Dann in vier Schälchen anrichten und mit Sesam bestreut servieren.

Für 4 Personen • 1 Std. 40 Min. Zubereitung • 45 Min. Gefrieren • Pro Portion ca. 430 kcal, 7 g EW, 30 g F, 34 g KH

WEISSES SCHOKOLADENEIS MIT THYMIAN

SOMMER-REZEPT

150 g weiße Schokolade
3 Zweige Thymian
200 ml Milch (3,5 % Fett)
3 Eigelb (M)
25 g Zucker
150 g Sahne

AUSSERDEM
Eismaschine

DEKO-TIPP
Für einen knusprigen Biss das Eis vor dem Servieren noch mit 25 g grob gehackten, gesalzenen Erdnusskernen bestreuen. Für eine fruchtige Note das Eis mit frischen Himbeeren anrichten.

1 Die Schokolade grob hacken. Den Thymian waschen und trocken schütteln. Schokolade, Thymian und Milch in einen Topf geben. Die Milch unter Rühren erhitzen und die Schokolade schmelzen lassen. Den Topf vom Herd nehmen und die Schokoladenmilch ca. 20 Min. ziehen lassen.

2 Eigelbe und Zucker in einer Schüssel mit den Rührbesen des Handrührgeräts cremig rühren. Den Thymian aus der Schokoladenmilch entfernen und diese langsam in die Eigelbmischung rühren. Die Schüssel auf ein heißes Wasserbad setzen und die Eigelb-Schokoladen-Mischung unter ständigem Rühren auf 80° erhitzen. Dabei die Temperatur mit einem Küchenthermometer prüfen.

3 Die Schüssel vom Wasserbad nehmen und die Sahne in die Masse rühren. Die Mischung dann in ca. 1 Std. im Kühlschrank vollständig auskühlen lassen.

4 Die kalte Schokoladenmasse in die Eismaschine füllen und in ca. 45 Min. cremig bis fest gefrieren lassen. Das Eis aus der Maschine löffeln und sofort in vier Schälchen servieren oder in einer Gefrierbox mit Deckel tiefkühlen.

Für 4 Personen • 2 Std. 20 Min. Zubereitung • 1 Std. Gefrieren • Pro Portion ca. 600 kcal, 12 g EW, 50 g F, 25 g KH

SCHOKOLADENEIS ROCKY ROAD

AUS AUSTRALIEN

225 g Zartbitter-Schokolade
175 ml Milch (3,5 % Fett)
3 Eigelb (M)
25 g Zucker
175 g Sahne
25 g Haselnusskerne
2 EL Mini-Marshmallows

AUSSERDEM
Eismaschine

GUT ZU WISSEN
Für klassisches Schokoladeneis die Eigelb-Schokoladen-Mischung wie beschrieben zubereiten. Die Sahne einrühren und die Mischung in ca. 2 Std. auskühlen lassen. Dann in der Eismaschine in ca. 45 Min. gefrieren lassen.

1 175 g Schokolade grob hacken und in einen Topf geben. Die Milch dazugießen, unter Rühren erhitzen und die Schokolade schmelzen lassen.

2 Eigelbe und Zucker in einer Schüssel mit den Rührbesen des Handrührgeräts cremig rühren. Die Schokoladenmilch in zwei Portionen einrühren. Die Schüssel dann auf ein heißes Wasserbad setzen und die Eigelb-Schokoladen-Mischung unter ständigem Rühren auf 80° erhitzen. Dabei die Temperatur mit einem Küchenthermometer prüfen.

3 Die Schüssel vom Wasserbad nehmen und die Sahne einrühren. Die Masse zuerst in ca. 15 Min. auf Raumtemperatur abkühlen, dann in ca. 1 Std. 45 Min. im Kühlschrank ganz auskühlen lassen. Die kalte Schokoladenmasse in die Eismaschine füllen und in ca. 30 Min. cremig bis fest gefrieren lassen.

4 Inzwischen übrige Schokolade (50 g) und Haselnüsse grob hacken. Das Eis aus der Maschine löffeln, Nüsse, Schokolade und Mini-Marshmallows untermischen. Das Eis im Tiefkühlfach in weiteren ca. 30 Min. vollständig durchfrieren lassen. Dann in vier Waffelhörnchen oder Schälchen anrichten und servieren. Alternativ in einer Gefrierbox mit Deckel tiefkühlen.

Für 4 Personen • 10 Min. Zubereitung • 8 Std. Gefrieren • Pro Portion ca. 405 kcal, 7 g EW, 30 g F, 26 g KH

KAFFEE-KEKS-EIS

EINFACH

250 g Sahne
1 TL Vanilleextrakt
Meersalz
2 TL lösliches Kaffeepulver
200 ml Kondensmilch (10 % Fett)
100 g Kakaokekse mit Cremefüllung (z. B. Oreo)

AUSSERDEM
Kastenform aus Metall (25 cm lang)

GU CLOU

Mit einer Kastenform aus Metall lassen sich locker 2–3 Std. Gefrierzeit einsparen. Einfach die Form mit Backpapier auslegen und im Tiefkühlfach vorkühlen. Jetzt die Eismasse einfüllen. Dank der bereits kalten Form und der perfekten Kühleigenschaften des Metalls ist das Eis dann quasi im Handumdrehen fertig.

1 Die Kastenform mit Backpapier auslegen. Die Sahne in einer Rührschüssel mit den Rührbesen des Handrührgeräts steif schlagen. Vanilleextrakt und 1 Prise Meersalz untermischen.

2 Das Kaffeepulver in einer Schüssel in 25 ml kaltem Wasser unter Rühren auflösen. Die Kondensmilch zugießen und alles gut verrühren. Dann die Schlagsahne unterheben.

3 Die Kekse in einen Gefrierbeutel füllen, verschließen und mit einem Nudelholz zerbröseln. Die Keksbrösel unter die Kaffee-Sahne-Mischung heben. Die Eismasse in die Form füllen und im Tiefkühlfach in ca. 8 Std. gefrieren lassen.

4 Die Form aus dem Tiefkühlfach nehmen und kurz antauen lassen. Das Eis dann auf eine Platte stürzen und das Backpapier abziehen. Das Eis in Scheiben schneiden, auf vier Desserttellern anrichten und servieren.

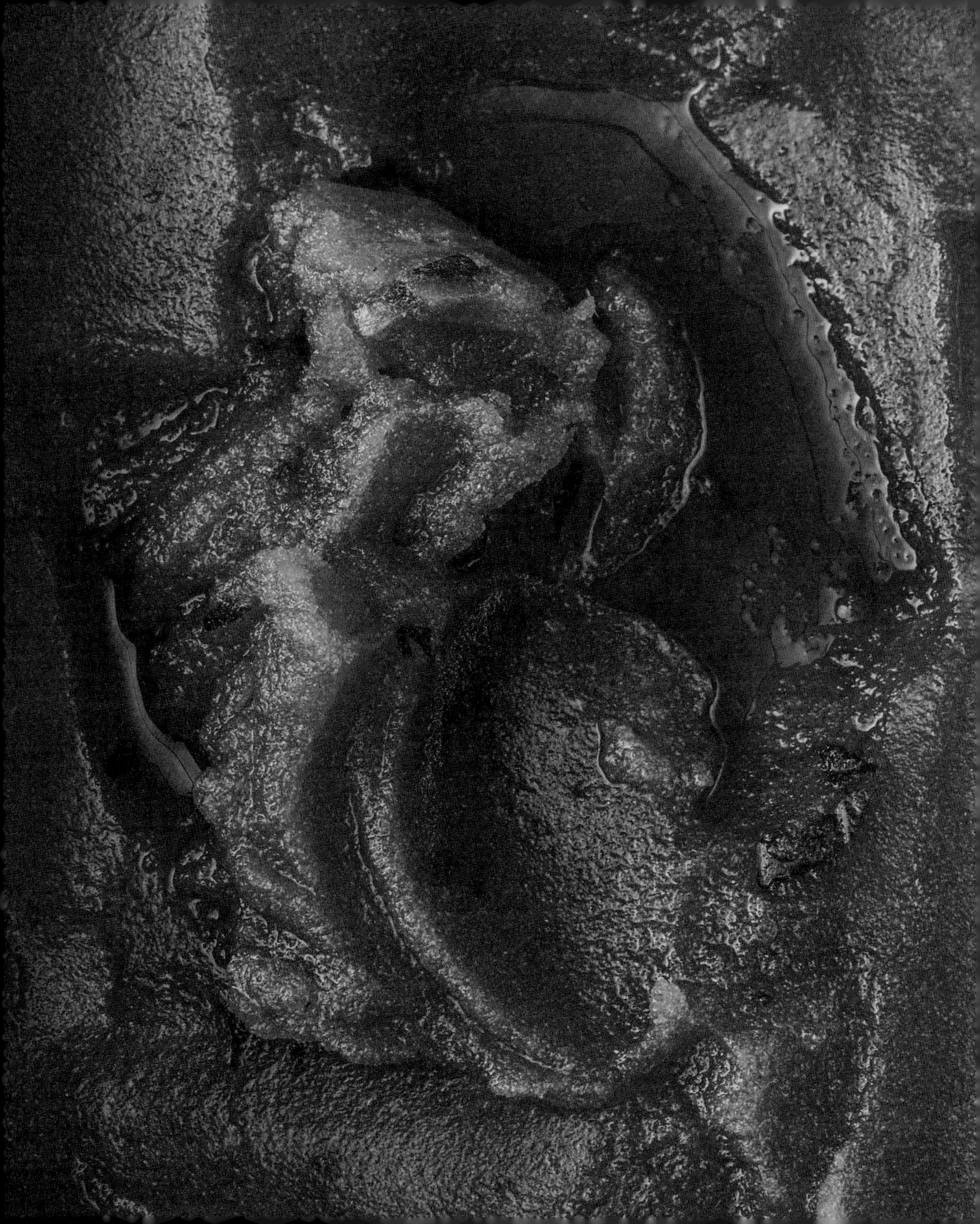

SORBET & GRANITA

Für 4 Personen • 10 Min. Zubereitung • 15 Min. Gefrieren • Pro Portion ca. 90 kcal, 1 g EW, 3 g F, 14 g KH

ERDBEER-SORBET MIT DUNKLER SCHOKOLADE

GRUNDREZEPT

20 g brauner Rohrzucker
1 Pck. Vanillezucker
300 g TK-Erdbeeren
25 g Zartbitter-Schokolade

AUSSERDEM
Eismaschine

TAUSCH-TIPP
Frucht und Schokolade lassen sich vielfältig kombinieren. Auch Himbeeren mit Zartbitter-Schokolade, Johannisbeeren mit Vollmilch-Schokolade oder Mango mit weißer Schokolade sind einen Versuch wert. Einfach in gleicher Menge austauschen.

1 Zucker, Vanillezucker und 150 ml Wasser in einem Topf unter Rühren aufkochen, bis sich der Zucker aufgelöst hat. Die Erdbeeren in einen Standmixer füllen und mit dem heißen Zuckersirup übergießen. Die Beeren kurz antauen lassen, dann fein pürieren. Die Erdbeermischung in die Eismaschine füllen und in ca. 15 Min. cremig bis fest gefrieren lassen.

2 Inzwischen die Schokolade in feine Stücke hacken. Das Erdbeer-Sorbet aus der Maschine löffeln und die Schokoladenstückchen untermischen. Das Sorbet sofort servieren oder erneut in die Eismaschine füllen und bis zur gewünschten Konsistenz weiter gefrieren lassen.

3 Ohne Eismaschine das Erdbeerpüree in eine flache Schale füllen und ca. 45 Min. tiefkühlen. Danach mit einer Gabel gut durchrühren und die Schokostückchen untermischen. Erneut tiefkühlen, bis die gewünschte Konsistenz erreicht ist. Dabei regelmäßig durchrühren.

Für 4 Personen • 20 Min. Zubereitung • 3 Std. Gefrieren • Pro Portion ca. 125 kcal, 2 g EW, 5 g F, 17 g KH

ANANAS-PASSIONSFRUCHT-SORBET

ZUCKERFREI

500 g Ananas
2 Passionsfrüchte
2 EL Kokosraspel
1 sehr reife Banane

DAZU PASST
Eine Schokosauce macht das Sorbet perfekt. Dafür 75 g gehackte Zartbitter-Schokolade, 2 EL Zucker und 200 g Sahne in einem Topf unter Rühren erhitzen, bis die Schokolade geschmolzen und die Sauce cremig ist. Heiß oder kalt zum Sorbet servieren.

1 Die Ananas schälen, vierteln und den Strunk entfernen. Die Viertel in kleine Stücke schneiden und 300 g Ananasfruchtfleisch abwiegen. Das Ananasfruchtfleisch in eine Gefrierbox füllen und ca. 3 Std. tiefkühlen.

2 Die Passionsfrüchte halbieren und das Fruchtfleisch mit einem Löffel herausschaben. Das Fruchtfleisch dann durch ein feines Sieb streichen und dabei den Saft auffangen. Die Kokosraspel in einer Pfanne ohne Fett goldbraun rösten. Herausnehmen und vollständig auskühlen lassen.

3 Die Banane schälen, in Stücke teilen und in einen Standmixer geben. Passionsfruchtsaft und tiefgekühlte Ananasstücke zufügen und alles cremig mixen. Zuletzt die gerösteten Kokosraspel untermischen. Das Sorbet sofort in vier Schälchen servieren oder in einer Gefrierbox mit Deckel tiefkühlen, bis die gewünschte Konsistenz erreicht ist.

Für 4 Personen • 15 Min. Zubereitung • 40 Min. Gefrieren • Pro Portion ca. 245 kcal, 4 g EW, 2 g F, 54 g KH

GRANATAPFEL-BUTTERMILCH-SORBET

ERFRISCHEND

4 Granatäpfel (ersatzweise 450 ml Granatapfelsaft)
200 ml Buttermilch
3 EL Ahornsirup
1 Limette

AUSSERDEM
Eismaschine

1 Die Granatäpfel rundherum andrücken, halbieren und mit einer Orangenpresse auspressen. Dabei zum Schutz vor Spritzern unbedingt eine Schürze tragen und Abstand zu weißen Wänden halten.

2 Den Granatapfelsaft mit Buttermilch und Ahornsirup vermischen. Die Limette auspressen und den Saft einrühren. Die Granatapfelsaftmischung in die Eismaschine füllen und in ca. 40 Min. cremig bis fest gefrieren lassen. Das Sorbet aus der Maschine löffeln und in vier Schälchen oder Gläsern servieren.

3 Ohne Eismaschine die Granatapfelsaftmischung in eine flache Schale füllen und im Tiefkühlfach ca. 4 Std. gefrieren lassen. Dabei zweimal pro Stunde mit einer Gabel durchrühren und das Eis auflockern, sodass eine feine Kristallstruktur entsteht.

Für 4 Personen • 20 Min. Zubereitung • 4 Std. Gefrieren • Pro Portion ca. 145 kcal, 1 g EW, 1 g F, 31 g KH

CLEMENTINEN-SORBET

MIT ALKOHOL

50 g Zucker
6 Clementinen (ersatzweise Blutorangen, Grapefruits, Mandarinen, Orangen)
3 EL Bitterlikör (z. B Campari)

1 Zucker und 50 ml Wasser in einem Topf unter Rühren aufkochen, bis sich der Zucker aufgelöst hat. Den Topf vom Herd nehmen und den Zuckersirup ca. 15 Min. abkühlen lassen.

2 Inzwischen die Clementinen auspressen und 210 ml Saft abmessen. Clementinensaft und Likör in den Zuckersirup rühren.

3 Die Saftmischung in eine flache Schale füllen und im Tiefkühlfach ca. 4 Std. gefrieren lassen. Dabei einmal pro Stunde mit einer Gabel durchrühren und das Eis auflockern, sodass eine feine Kristallstruktur entsteht. Das Sorbet in vier Wein- oder Martinigläsern servieren.

Für 4 Personen • 30 Min. Zubereitung • 4 Std. Gefrieren • Pro Portion ca. 160 kcal, 3 g EW, 5 g F, 25 g KH

RHABARBER-HIMBEER-SORBET MIT JOGHURT

FRÜHLINGS-REZEPT

750 g Rhabarber
125 g Himbeeren
75 g Rohrzucker
1 TL Vanilleextrakt
200 g Sahnejoghurt (10 % Fett)

GUT ZU WISSEN

Außerhalb der Rhabarbersaison gelingt das Eis auch mit tiefgekühlten Rhabarberstücken und Himbeeren.

1 Den Rhabarber putzen und waschen. Die Stangen in kleine Stücke schneiden und 500 g Rhabarberstücke abwiegen. Himbeeren bei Bedarf waschen und trocken tupfen. Rhabarberstücke, Himbeeren, Zucker und Vanille in einem Topf mischen.

2 Die Fruchtmischung bei kleiner bis mittlerer Hitze aufkochen. Dann zugedeckt ca. 15 Min. köcheln lassen, bis die Früchte weich sind. Die Fruchtmischung durch ein feines Sieb abgießen und leicht auspressen. Dann die im Sieb verbliebene Fruchtmasse in eine flache Schale füllen und im Tiefkühlfach ca. 4 Std. gefrieren lassen.

3 Die tiefgekühlte Rhabarber-Himbeer-Masse leicht antauen lassen und in grobe Stücke teilen. Die Stücke mit dem Joghurt in einen Standmixer geben und cremig pürieren. Das Sorbet sofort in vier Schälchen servieren.

Für 4 Personen • 25 Min. Zubereitung • 45 Min. Gefrieren • Pro Portion ca. 110 kcal, 1 g EW, 0 g F, 24 g KH

JOHANNISBEER-SORBET MIT MINZE

SOMMER-REZEPT

400 g TK-Rote Johannisbeeren
75 g Zucker
1 Stängel Minze

AUSSERDEM
Eismaschine

1 Die Johannisbeeren in einen Standmixer füllen und in ca. 10 Min. leicht antauen lassen. Zucker und 150 ml Wasser in einem Topf unter Rühren aufkochen, bis sich der Zucker aufgelöst hat. Die Johannisbeeren mit dem heißen Zuckersirup übergießen und fein pürieren. Das Johannisbeerpüree durch ein feines Sieb streichen, um die Kernchen zu entfernen.

2 Die Minze waschen, trocken schütteln und fein schneiden. Unter das Püree mischen. Die Johannisbeer-Minze-Mischung in die Eismaschine füllen und in ca. 45 Min. cremig bis fest gefrieren lassen. Das Sorbet aus der Maschine löffeln und in vier Schälchen servieren.

3 Ohne Eismaschine das Johannisbeer-Minze-Püree in eine flache Schale füllen und 2–3 Std. tiefkühlen. Dabei einmal pro Stunde mit einer Gabel durchrühren und das Eis auflockern, sodass eine feine Kristallstruktur entsteht.

Für 4 Personen • 15 Min. Zubereitung • 4 Std. 40 Min. Gefrieren • Pro Portion ca. 240 kcal, 2 g EW, 1 g F, 55 g KH

MANGO-KOKOS-SORBET

GUT VORZUBEREITEN

2 Mangos
150 g Zucker
1 Eiweiß (M)
1 Limette
400 ml Kokosmilch
1 Stängel Minze

AUSSERDEM
Eismaschine

1 Die Mangos schälen, das Fruchtfleisch flach vom Stein schneiden und fein pürieren. 75 g Zucker und 100 ml Wasser in einem Topf unter Rühren aufkochen, bis sich der Zucker aufgelöst hat. Das Mangopüree einrühren, die Mangomischung in die Eismaschine füllen und ca. 20 Min. gefrieren lassen. Das Mangosorbet aus der Maschine löffeln und in einer Schale ca. 4 Std. tiefkühlen.

2 Parallel dazu das Eiweiß steif schlagen, dabei den übrigen Zucker (75 g) einrieseln lassen. Limette auspressen. Limettensaft und Kokosmilch verrühren, den Eischnee unterheben. Minze waschen, trocken schütteln, fein schneiden und untermischen. Die Kokosmischung in die Eismaschine füllen und ca. 20 Min. gefrieren lassen. Das Kokossorbet in einer zweiten Schale ca. 4 Std. tiefkühlen.

3 Das Kokossorbet zum Mangosorbet geben und beide Sorbets vermischen. In vier Schälchen anrichten und servieren.

Für 4 Personen • 40 Min. Zubereitung • 50 Min. Gefrieren • Pro Portion ca. 210 kcal, 2 g EW, 6 g F, 36 g KH

PFIRSICH-LAVENDEL-SORBET MIT WEISSER SCHOKOLADE

AUS DER PROVENCE

6 reife Pfirsiche
2 EL flüssiger Honig
1 TL getrocknete Lavendelblüten
75 g weiße Schokolade

AUSSERDEM
Eismaschine

TAUSCH-TIPP
Auch Aprikosen oder Mirabellen harmonieren wunderbar mit Lavendel. Zur Abwechslung also die Pfirsiche ruhig mal gegen 10 Aprikosen oder 600 g Mirabellen austauschen.

1 Den Backofen auf 200° vorheizen. Die Pfirsiche waschen, halbieren und entsteinen. Die Pfirsichhälften mit der Schnittfläche nach oben in eine Auflaufform legen. Mit dem Honig beträufeln und mit den Lavendelblüten bestreuen. Die Pfirsiche im Ofen (Mitte) ca. 30 Min. backen.

2 Die Pfirsiche aus dem Ofen nehmen und abkühlen lassen. Dann im Standmixer fein pürieren. Das Pfirsichpüree in die Eismaschine füllen. Die Maschine starten und das Püree rühren, bis es zu gefrieren beginnt.

3 Inzwischen die Schokolade grob hacken und in eine Schüssel geben. Die Schüssel auf ein heißes Wasserbad setzen und die Schokolade unter Rühren schmelzen lassen.

4 Die geschmolzene Schokolade in die Eismaschine gießen und das Sorbet weiterfrieren, bis die gewünschte Konsistenz erreicht ist. Das Sorbet aus der Maschine löffeln, in vier Glasschälchen anrichten und servieren.

Für 4 Personen • 15 Min. Zubereitung • 5 Std. Gefrieren • Pro Portion ca. 80 kcal, 0 g EW, 0 g F, 20 g KH

GURKEN-PFEFFERMINZ-GRANITA

ERFRISCHEND

60 g Pfefferminze (ersatzweise eine andere Minzesorte)
50 g Rohrzucker
200 g Salatgurke
200 ml Apfelsaft (naturtrüb)

1 Die Minze waschen und trocken schütteln. Blätter und Stängel grob zerpflücken und in einen Topf geben. Zucker und 200 ml Wasser zufügen und unter Rühren aufkochen, bis sich der Zucker aufgelöst hat. Den Sirup vom Herd nehmen und kurz abkühlen lassen.

2 Inzwischen die Gurke waschen, in Scheiben schneiden und in einen Standmixer geben. Die Pfefferminze aus dem Sirup nehmen. Den Sirup zur Gurke gießen und alles kräftig mixen. Die Gurkenmischung durch ein feines Sieb gießen, die Flüssigkeit auffangen.

3 Den Apfelsaft in die Gurkenmischung rühren. Die Mischung in eine flache Schale füllen und im Tiefkühlfach ca. 5 Std. gefrieren lassen. Dabei regelmäßig mit einer Gabel durchrühren und die Eiskristalle zerstoßen, sodass eine grobe Kristallstruktur entsteht. Die Granita in vier Glasschälchen anrichten und servieren.

Für 4 Personen • 30 Min. Zubereitung • 4 Std. Gefrieren • Pro Portion ca. 90 kcal, 0 g EW, 0 g F, 20 g KH

LIMETTEN-ZITRONEN-GRANITA

AUS SIZILIEN

2 Zweige Rosmarin
75 g Zucker
2 große Zitronen
2 Limetten

1 Den Rosmarin waschen und trocken schütteln. Rosmarinzweige, Zucker und 400 ml Wasser einen Topf geben. Alles unter Rühren aufkochen, bis sich der Zucker aufgelöst hat. Den Topf vom Herd nehmen und den Sirup ca. 20 Min. ziehen lassen.

2 Inzwischen Zitronen und Limetten auspressen. Den Rosmarin aus dem Sirup nehmen. Dann Zitronen- und Limettensaft zum Sirup gießen und alles gut verrühren.

3 Die Sirup-Saft-Mischung in eine flache Schale füllen und im Tiefkühlfach ca. 4 Std. gefrieren lassen. Dabei einmal pro Stunde mit einer Gabel durchrühren und die Eiskristalle zerstoßen, sodass eine grobe Kristallstruktur entsteht. Die Granita in vier Glasschälchen anrichten und servieren.

Für 4 Personen • 10 Min. Zubereitung • 4 Std. Gefrieren • Pro Portion ca. 75 kcal, 1 g EW, 0 g F, 13 g KH

WASSERMELONEN-GRANITA

MIT ALKOHOL

700 g kernarme Wassermelone
1 Zitrone
50 ml Holunderblütensirup
100 ml Prosecco

1 Die Melone schälen, eventuell vorhandene Kerne entfernen und das Fruchtfleisch in Stücke schneiden. Dann 450 g Melonenstücke abwiegen und in einem Standmixer fein pürieren.

2 Die Zitrone auspressen. Melonenpüree, Zitronensaft, Holunderblütensirup und Prosecco vermischen.

3 Die Melonenmischung in eine flache Schale füllen und im Tiefkühlfach ca. 4 Std. gefrieren lassen. Dabei zweimal pro Stunde mit einer Gabel durchrühren und die Eiskristalle zerstoßen. sodass eine grobe Kristallstruktur entsteht. Die Wassermelonen-Granita in vier Gläsern anrichten und servieren.

Für 4 Personen • 10 Min. Zubereitung • 6 Std. Gefrieren • Pro Portion ca. 265 kcal, 2 g EW, 13 g F, 30 g KH

ESPRESSO-GRANITA MIT SCHUSS

FÜR GÄSTE

1 Vanilleschote
50 g Zucker
250 ml frisch gebrühter Espresso
100 g Sahne
8 cl Whiskey-Sahne-Likör (z. B. Baileys)
4 TL Krokant (ersatzweise dunkle oder weiße Schokoladenraspel)

1 Die Vanilleschote längs aufschneiden und das Mark herausschaben. Vanillemark, Zucker und warmen Espresso verrühren, bis sich der Zucker aufgelöst hat.

2 Die Mischung in eine flache Schale füllen und im Tiefkühlfach ca. 6 Std. gefrieren lassen. Dabei zweimal pro Stunde mit einer Gabel durchrühren und die Eiskristalle zerstoßen, sodass eine grobe Kristallstruktur entsteht.

3 Die Sahne in einer Rührschüssel mit den Rührbesen des Handrührgeräts steif schlagen. Die Granita auf vier hohe Gläser verteilen. Jeweils mit 2 cl Likör übergießen und einen Klecks Schlagsahne daraufsetzen. Mit je 1 EL Krokant bestreuen und sofort servieren.

FROZEN JOGHURT & SPECIALS

Für 4 Personen • 5 Min. Zubereitung • 45 Min. Gefrieren • Pro Portion ca. 180 kcal, 6 g EW, 5 g F, 26 g KH

FROZEN JOGHURT MIT LIMETTE UND HONIG

GRUNDREZEPT

1 Bio-Limette
550 g kalter Joghurt (mind. 3,8 % Fett)
50 g Zucker
2 EL flüssiger Honig
Salz

AUSSERDEM
Eismaschine

1 Die Limette heiß abwaschen und abtrocknen. Dann die Schale fein abreiben und den Saft auspressen.

2 Limettenschale und -saft, Jogurt, Zucker und Honig in eine Schüssel geben. Alles verrühren, bis sich der Zucker aufgelöst hat. Zuletzt 1 Prise Salz einrühren.

3 Die Joghurtmischung in die Eismaschine füllen und in ca. 45 Min. cremig bis fest gefrieren lassen. Das Eis aus der Maschine löffeln, in vier Schälchen anrichten und servieren.

TAUSCH-TIPP
Köstlich schmeckt das Eis auch mit Zitronenschale und -saft statt mit Limette. Und auch der Honig kann gegen Ahornsirup oder Agavendicksaft ausgetauscht werden.

Für 4 Personen • 20 Min. Zubereitung • 40 Min. Gefrieren • Pro Portion ca. 245 kcal, 4 g EW, 12 g F, 30 g KH

JOGHURT-KIRSCH-EIS MIT SCHOKOSPLITTERN

FRUCHTIG

150 g TK-Sauerkirschen
35 g Rohrzucker
400 g Sahnejoghurt (10 % Fett)
3 EL Ahornsirup
25 g Zartbitter-Schokolade (ersatzweise Zartbitter-Schokoraspel)

AUSSERDEM
Eismaschine

DAZU PASST
Mandelcrumble als Topping krönt das Eis. Dafür je 50 g gemahlene Mandeln, Mehl, Zucker und Butter zwischen den Händen krümelig verreiben. Die Streusel auf einem mit Backpapier belegten Blech verteilen und im 200° heißen Backofen (Mitte) in 10–15 Min. goldbraun backen.

1 Die Kirschen in einen Standmixer füllen und in ca. 15 Min. leicht antauen lassen. Inzwischen Zucker und 70 ml Wasser in einem Topf unter Rühren aufkochen, bis sich der Zucker aufgelöst hat. Die Kirschen mit dem heißen Zuckersirup übergießen und fein pürieren.

2 Joghurt und Ahornsirup sorgfältig verrühren. Die Mischung in die Eismaschine füllen und ca. 15 Min. gefrieren lassen. Dann das Kirschpüree zufügen. Die Maschine erneut starten und das Eis weitere ca. 25 Min. gefrieren lassen, bis die gewünschte Konsistenz erreicht ist.

3 Inzwischen die Schokolade mit einem Sparschäler in Späne hobeln. Das Eis aus der Maschine löffeln und in vier Schälchen anrichten. Mit den Schokosplittern bestreuen und servieren.

Für 4 Personen • 25 Min. Zubereitung • 2 Std. Gefrieren • Pro Portion ca. 220 kcal, 7 g EW, 5 g F, 36 g KH

MANGO-CHEESECAKE-EIS

EINFACH

250 g Joghurt (3,8 % Fett)
100 g Frischkäse
300 g TK-Mangostücke
3 EL flüssiger Honig
50 g Butterkekse

AUSSERDEM
flache Form (20 × 20 cm)

1 Joghurt, Frischkäse und 200 g Mangostücke in einen Standmixer geben und cremig pürieren. Den Honig zufügen und alles nochmals mixen. Die Joghurt-Mango-Mischung in die Form füllen und ca. 2 Std. ins Tiefkühlfach stellen.

2 Inzwischen die Butterkekse in einen Gefrierbeutel füllen, verschließen und mit einem Nudelholz grob zerbröseln. Die übrigen Mangostücke (100 g) ca. 10 Min. antauen lassen, dann pürieren.

3 Die Form aus dem Tiefkühlfach nehmen und das Mangopüree grob unter das Eis rühren. Das Eis mit den Keksbröseln bestreuen und in der Form servieren.

Für 4 Personen • 10 Min. Zubereitung • 45 Min. Gefrieren • Pro Portion ca. 90 kcal, 1 g EW, 0 g F, 20 g KH

ERDBEER-KOKOS-EIS

VEGAN

200 g Erdbeeren
65 g Zucker
400 ml Kokosmilch

AUSSERDEM
Eismaschine

1 Die Erdbeeren waschen, putzen und in Stücke schneiden. Die Erdbeerstücke mit dem Zucker in einen Standmixer geben und fein pürieren. Das Püree nach Belieben noch durch ein Sieb streichen, um die Kernchen zu entfernen.

2 Das Erdbeerpüree mit der Kokosmilch vermischen und in die Eismaschine füllen. Die Mischung in ca. 45 Min. cremig bis fest gefrieren lassen. Das Eis aus der Maschine löffeln und in vier Schälchen servieren oder in einer Gefrierbox mit Deckel tiefkühlen.

3 Ohne Eismaschine die Erdbeerstücke tiefkühlen. Dann mit nur 200 ml Kokosmilch und 50 g Zucker pürieren. Das Eis je nach gewünschter Konsistenz im Tiefkühlfach nachkühlen.

Für 4 Personen • 20 Min. Zubereitung • 3 Std. Gefrieren • Pro Portion ca. 425 kcal, 5 g EW, 25 g F, 44 g KH

JOGHURTEISBECHER MIT KARAMELL UND HEIDELBEEREN

WINTER-REZEPT

400 g griechischer Joghurt (10 % Fett)
25 g Puderzucker
150 g Sahne
100 g Zucker
1 EL Butter
grobes Salz
125 g Heidelbeeren
1 Handvoll Salzbrezeln

TAUSCH-TIPP

Der Eisbecher schmeckt auch mit kleinen Mangostücken und Pistazienkernen (geröstet und gesalzen) statt mit Heidelbeeren und Salzbrezeln.

1 Joghurt und Puderzucker in einer Schüssel verrühren. 100 g Sahne in einer Rührschüssel mit den Rührbesen des Handrührgeräts steif schlagen und unter den Joghurt heben. Die Masse im Tiefkühlfach ca. 1 Std. gefrieren lassen. Danach durchrühren und weitere ca. 2 Std. gefrieren lassen.

2 Den Zucker in eine Pfanne streuen und bei mittlerer Hitze karamellisieren lassen. Die Pfanne vom Herd nehmen, Butter, 1 Prise Salz und restliche Sahne (50 g) zufügen. (Vorsicht, das kann spritzen!) Alles verrühren und die Pfanne zurück auf den Herd stellen. Den Karamell ca. 2 Min. köcheln lassen, bis die gewünschte Konsistenz erreicht ist. Den Karamell in ein Kännchen füllen und bis zum Servieren abkühlen lassen.

3 Die Heidelbeeren verlesen, waschen und trocken tupfen. Die Brezeln mit den Händen grob zerbrechen. Das Joghurteis in vier Schälchen anrichten und mit Karamell, Beeren und Brezeln dekorieren. Die Eisbecher sofort servieren.

Für 4 Personen • 35 Min. Zubereitung • 3 Std. Gefrieren • Pro Portion ca. 345 kcal, 9 g EW, 25 g F, 20 g KH

PISTAZIEN-JOGHURT-EISTERRINE

FÜRS BÜFETT

500 g griechischer Joghurt (10 % Fett)
2 EL Pistaziencreme (Glas)
50 g flüssiger Honig
50 g Pistazienkerne (geröstet und gesalzen)
2 EL Kakao-Nibs

AUSSERDEM
Kastenform aus Metall (15 cm lang)
8 Holzstäbchen

1 Die Kastenform mit Backpapier auslegen und ins Tiefkühlfach stellen. Joghurt, Pistaziencreme und Honig verrühren. Die Mischung in die Form füllen und in ca. 1 Std. anfrieren lassen.

2 Die Pistazien grob hacken. Die Form aus dem Tiefkühlfach nehmen und die gehackten Pistazien mit einem Löffel unter das angefrorene Joghurteis rühren. Die Kakao-Nibs auf das Eis streuen und die Holzstäbchen mittig in einer Reihe in das Eis stecken. Die Eisterrine nochmals ca. 2 Std. tiefkühlen.

3 Die Eisterrine mit dem Backpapier aus der Form heben und zwischen den Holzstäbchen in 8 Scheiben schneiden. Je 2 Scheiben auf vier Desserttellern anrichten und servieren.

Für 8 Stück • 20 Min. Zubereitung • 5 Std. Gefrieren • Pro Stück ca. 130 kcal, 2 g EW, 6 g F, 16 g KH

HIMBEER-JOGHURT-EIS AM STIEL

FÜR KINDER

525 g griechischer Joghurt (10 % Fett)
125 g Agavendicksaft
1 TL Vanilleextrakt
150 g TK-Himbeeren

AUSSERDEM

8 Portions-Eisförmchen mit Stiel (à 100 ml Inhalt)

1 Joghurt, 75 g Agavendicksaft und Vanilleextrakt in einer Schüssel verrühren. 150 g Joghurtmischung abnehmen und mit übrigem Agavendicksaft (50 g) und Himbeeren in einem Standmixer fein pürieren.

2 Helle Joghurtmasse und Himbeer-Joghurt-Masse abwechselnd in die Eisförmchen schichten. Dann beide Massen mit einem Messer spiralförmig verziehen. Die Stiele in die Förmchen stecken und das Stieleis im Tiefkühlfach ca. 5 Std. gefrieren lassen.

3 Die Förmchen aus dem Tiefkühlfach nehmen, kurz in heißes Wasser tauchen und das Stieleis herauslösen. Sofort servieren.

Für 4 Personen • 10 Min. Zubereitung • 4 Std. Gefrieren • Pro Portion ca. 185 kcal, 2 g EW, 13 g F, 15 g KH

OH SO NICE CREAM

VEGAN

2 Bananen
20 g Kokosraspel
1 reife Avocado
1 TL Limettensaft
75 ml Kokoswasser
1 EL Ahornsirup

TAUSCH-TIPP
Heute lieber ein Erdnusseis? Dann 4 große Bananen in Scheiben schneiden und ca. 4 Std. tiefkühlen. Die Scheiben mit 100 ml Mandeldrink, 60 g Erdnusscreme (crunchy) und 1 Prise Salz im Standmixer cremig mixen.

1 Die Bananen schälen, in Scheiben schneiden und in einer Gefrierbox ca. 4 Std. tiefkühlen. Die Kokosraspel in einer beschichteten Pfanne ohne Fett goldbraun rösten.

2 Die Avocado halbieren und den Stein entfernen. Das Fruchtfleisch mit einem Löffel aus der Schale lösen und in einen Standmixer geben. Mit dem Limettensaft beträufeln. Tiefgekühlte Bananenscheiben, Kokosraspel und Kokoswasser zufügen und alles zu einem cremigen Eis mixen.

3 Das Eis mit Ahornsirup süßen und nochmals durchmixen. In vier Schälchen anrichten und servieren.

Für 8 Stücke • 20 Min. Zubereitung • 4 Std. Gefrieren • Pro Stück ca. 200 kcal, 3 g EW, 13 g F, 17 g KH

KIWI-SCHNITTEN

FÜR GÄSTE

100 g Mandeln
125 g getrocknete Datteln (entsteint)
100 g Sahne
100 g Joghurtalternative auf Kokosbasis
2 EL Ahornsirup
2 Kiwis

AUSSERDEM
flache Form (11 × 17 cm)

1 Die Form mit Backpapier auslegen. Mandeln und Datteln in einem Standmixer fein zerkleinern. Die Mandel-Dattel-Masse gleichmäßig in der Form verteilen und zu einem Boden festdrücken.

2 Die Sahne in einer Schüssel mit den Rührbesen des Handrührgeräts steif schlagen. Kokosjoghurt und Ahornsirup langsam untermischen. Die Masse auf dem Boden verstreichen. Die Kiwis schälen und pürieren. Das Püree mit einem Teelöffel auf der Sahne-Joghurt-Creme verteilen und gleichmäßig verstreichen. Die Form ca. 4 Std. ins Tiefkühlfach stellen, bis das Eis durchgefroren ist.

3 Die Form aus dem Tiefkühlfach nehmen, das Eis mit dem Backpapier aus der Form heben und auf ein Küchenbrett setzen. Das Eis kurz antauen lassen, dann in 8 Stücke schneiden. Je 2 Schnitten auf vier Desserttellern anrichten und servieren.

Für 24 Stück • 1 Std. 20 Min. Zubereitung • 30 Min. Gefrieren • Pro Stück ca. 85 kcal, 2 g EW, 7 g F, 4 g KH

GESCHICHTETES EISKONFEKT

VEGAN

100 g vegane Zartbitter-Schokolade
25 g Erdnussmus
60 g Kokosöl
grobes Meersalz
100 g Peanut Butter (smooth)
3 EL Ahornsirup
100 g Himbeeren

AUSSERDEM

24 Mini-Silikonförmchen (ersatzweise 24er-Mini-Muffinform aus Silikon)

1 Die Schokolade grob hacken und in einer Schüssel über einem heißen Wasserbad schmelzen. Erdnussmus, 25 g Kokosöl und 1 Prise Salz mit einem Schneebesen einrühren. Die Schoko-Erdnuss-Mischung auf die Förmchen verteilen und im Kühlschrank in ca. 30 Min. fest werden lassen.

2 Inzwischen das übrige Kokosöl (35 g) schmelzen und mit Peanut Butter und 1 EL Ahornsirup verrühren. Die Mischung als zweite Schicht in die Förmchen füllen und erneut ca. 30 Min. kühlen.

3 Die Himbeeren bei Bedarf waschen und trocken tupfen. Dann mit dem restlichen Ahornsirup (2 EL) pürieren. Das Himbeerpüree als dritte Schicht in die Förmchen füllen. Das Eiskonfekt im Tiefkühlfach ca. 30 Min. anfrieren lassen. Herausnehmen, die Förmchen mit der Hand anwärmen, das Konfekt herauslösen und servieren.

Für 8 Stück • 35 Min. Zubereitung • 3 Std. Gefrieren • 7 Min. Backen • Pro Stück ca. 505 kcal, 7 g EW, 34 g F, 43 g KH

EIS-SANDWICH MIT KOKOS

GUT VORZUBEREITEN

25 g Kokosraspel
400 g griechischer Joghurt (10 % Fett)
175 g brauner Zucker
1 EL Kokosmus
150 g Sahne
100 g Zartbitter-Schokolade
125 g weiche Butter
175 g Mehl
1 Ei (M)
1 TL Backpulver

GUT ZU WISSEN
Ein besonders intensives Aroma bekommt das Eis mit 1 EL Kokosextrakt statt Kokosmus. Leider ist diese Zutat schwer zu bekommen. Wenn doch, unbedingt ausprobieren!

1 Den Backofen auf 180° vorheizen, ein Backblech mit Backpapier belegen. Die Kokosraspel auf dem Backblech verteilen und im Ofen (Mitte) in 8–10 Min. goldbraun rösten. Herausnehmen und abkühlen lassen.

2 Den Joghurt mit 50 g Zucker und Kokosmus verrühren. Die Sahne in einer Rührschüssel mit den Rührbesen des Handrührgeräts steif schlagen. Schlagsahne und geröstete Kokosraspel unter den Joghurt heben. Die Eismischung in eine Gefrierbox füllen und im Tiefkühlfach ca. 3 Std. gefrieren lassen.

3 Inzwischen die Schokolade fein hacken. Butter, restlichen Zucker (125 g), Mehl, Ei und Backpulver in eine Schüssel geben. Alles mit den Rührbesen des Handrührgeräts zu einem glatten Teig verrühren. Die Schokolade unterrühren. Aus dem Teig 16 Kugeln formen und mit etwas Abstand auf das Backblech setzen. Die Teigkugeln etwas flach drücken und im heißen Ofen (Mitte) ca. 7 Min. backen. Die Cookies aus dem Ofen nehmen und abkühlen lassen.

4 Aus dem Kokoseis mit einem Eisportionierer 8 Kugeln formen. Je 1 Eiskugel zwischen 2 Cookies legen, das Sandwich leicht zusammendrücken und sofort servieren.

REGISTER

Vegane Rezepte, die im Buch mit einem 🍃 gekennzeichnet sind, sind hier grün abgesetzt.

Abkürzungsverzeichnis:
E = Eiweiß
EL = Esslöffel (gestrichen)
F = Fett
kcal = Kilokalorien
KH = Kohlenhydrate
Msp. = Messerspitze
Pck. = Päckchen
TK = Tiefkühl
TL = Teelöffel (gestrichen)
Ø = Durchmesser

LIEBE LESERINNEN UND LESER,

wir wollen Ihnen mit diesem Buch Informationen und Anregungen geben, um Ihnen das Leben zu erleichtern oder Sie zu inspirieren, Neues auszuprobieren. Wir achten bei der Erstellung unserer Bücher auf Aktualität und stellen höchste Ansprüche an Inhalt und Gestaltung. Alle Anleitungen und Rezepte werden von unseren Autoren, jeweils Experten auf ihren Gebieten, gewissenhaft erstellt und von unseren Redakteur*innen mit größter Sorgfalt ausgewählt und geprüft.

Haben wir Ihre Erwartungen erfüllt? Sind Sie mit diesem Buch und seinen Inhalten zufrieden? Wir freuen uns auf Ihre Rückmeldung. Und wir freuen uns, wenn Sie diesen Titel weiterempfehlen, in Ihrem Freundeskreis oder bei Ihrem Online-Kauf.

Sollten wir Ihre Erwartungen so gar nicht erfüllt haben, tauschen wir Ihnen Ihr Buch jederzeit gegen ein gleichwertiges zum gleichen oder ähnlichen Thema um.

KONTAKT ZUM LESERSERVICE

GRÄFE UND UNZER VERLAG
Grillparzerstraße 12
81675 München
www.gu.de

IMPRESSUM

Postfach 860366, 81630 München

GU ist eine eingetragene Marke der GRÄFE UND UNZER VERLAG GmbH, www.gu.de

ISBN 978-3-8338-8171-8
3. Auflage 2022

Projektleitung: Melanie Loser
Lektorat: Petra Teetz
Korrektorat: Adriane Andreas
Gesamtgestaltung: independent Medien-Design, Horst Moser, München
Umschlaggestaltung: ki36 Editorial Design, Sabine Krohberger, München
Herstellung: Linda Wiederrecht
Satz: Eberl & Koesel Studio GmbH
Reproduktion: Medienprinzen GmbH
Druck und Bindung: Firmengruppe APPL, aprinta druck, Wemding
Printed in Germany

GRÄFE UND UNZER
Ein Unternehmen der
GANSKE VERLAGSGRUPPE

DIE AUTORIN

Sandra Schumann ist Foodstylistin und Rezeptautorin. Ihre Leidenschaft für alles Kulinarische führte sie für einige Jahre nach Paris, wo sie bei verschiedenen Verlagen Kochbücher und Artikel veröffentlichte. Inzwischen lebt und arbeitet sie in Berlin.

DIE FOTOGRAFIN

Julia Hoersch ist eine vielfach ausgezeichnete Fotografin. Zusammen mit Petra Speckmann (Foodstyling) und Christine Mähler (Requisite) setzte sie die eiskalten Leckereien liebevoll in Szene.

Bildnachweis:
Julia Hoersch: S. 6–59 und Stepfotos (Klappen); Auen60 Photography: S. 1, 5 und Stillleben (Klappen); Kathrin Koschitzki: Cover; Caroline Wimmer: S. 4 Autorenfoto

Umwelthinweis:
Nachhaltigkeit ist uns sehr wichtig. Der Rohstoff Papier ist in der Buchproduktion hierfür von entscheidender Bedeutung. Daher ist dieses Buch auf PEFC-zertifiziertem Papier gedruckt. PEFC garantiert, dass ökologische, soziale und ökonomische Aspekte in der Verarbeitungskette unabhängig überwacht werden und lückenlos nachvollziehbar sind.

Syndication: www.seasons.agency

Die GU-Homepage finden Sie unter www.gu.de

APPETIT AUF MEHR?

ISBN 978-3-8338-3782-1

ISBN 978-3-8338-7367-6

ISBN 978-3-8338-2890-4

ISBN 978-3-8338-7553-3

ISBN 978-3-8338-7338-6

ISBN 978-3-8338-7555-7

DIE »GU KOCHEN PLUS«-APP

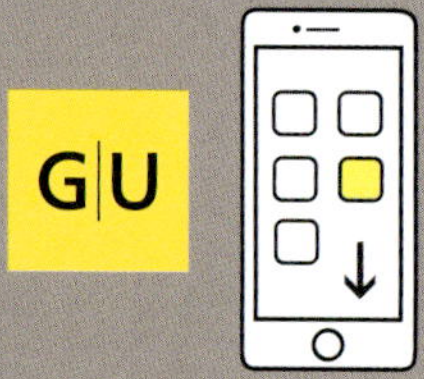

1 APP HERUNTERLADEN

Laden Sie die kostenlose »GU Kochen Plus«-App im Apple App Store oder im Google Play Store auf Ihr Smartphone. Starten Sie die App und wählen Sie Ihren Küchenratgeber aus.

2 REZEPTBILD SCANNEN

Scannen Sie das gewünschte Rezeptbild mit der Kamera Ihres Smartphones. Klicken Sie im Display die Funktion Ihrer Wahl.

3 FUNKTIONEN NUTZEN

Sammeln Sie Ihre Lieblingsrezepte. Speichern und verschicken Sie Ihre Einkaufslisten. Oder nutzen Sie den praktischen Supermarkt-Finder und den Rezept-Planer.